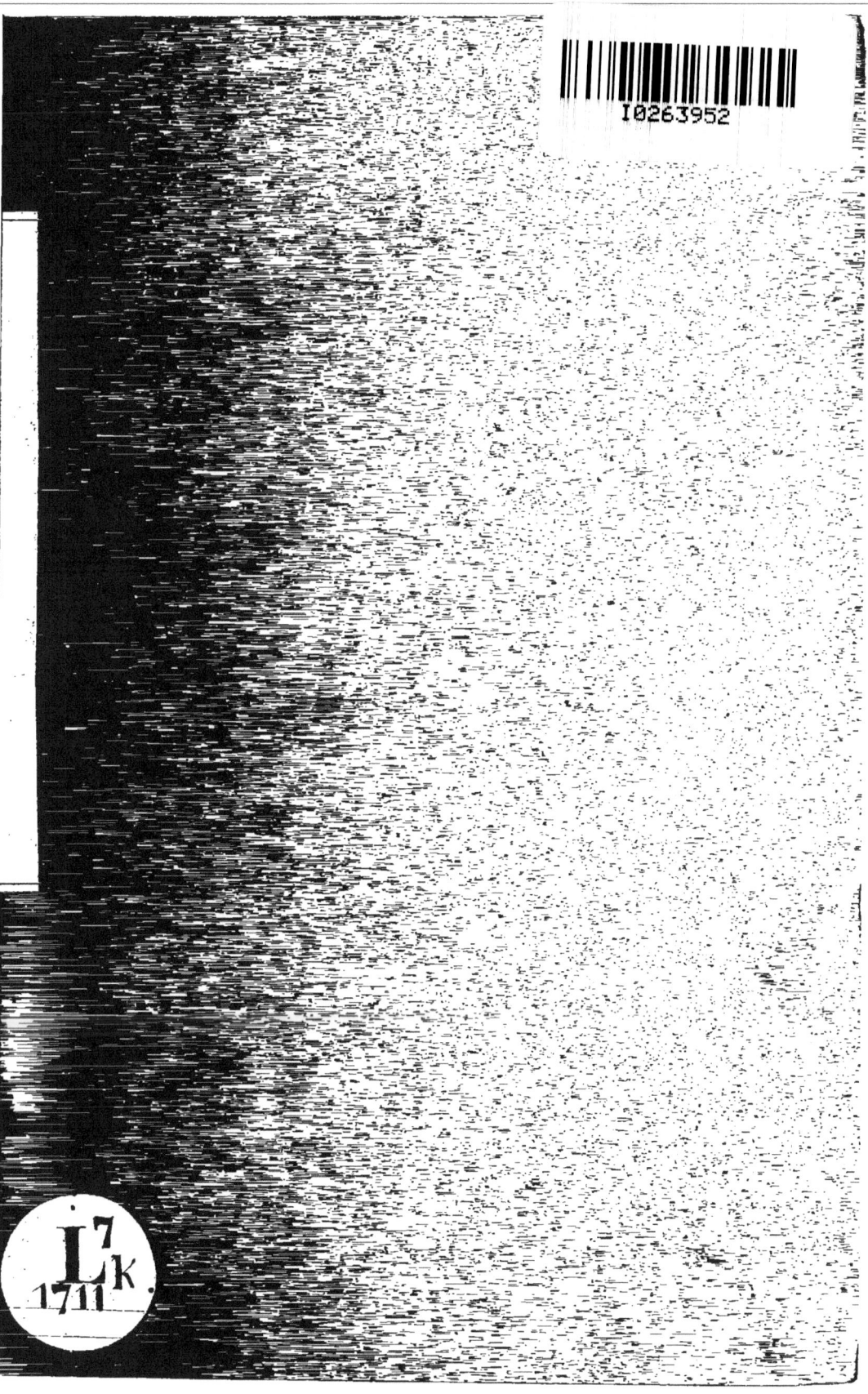

Lk 1711.

ADRESSE

A L'ASSEMBLÉE NATIONALE,

ET

RÉCLAMATIONS

DU COMMERCE ET DE LA MARINE

de la ville de Cette, contre celle de Montpellier,

Concernant l'établissement d'un tribunal de commerce dans le District de Montpellier.

ADRESSE

A L'ASEEMBLEE NATIONALE,

Et réclamations du Commerce et de la Marine de la ville de Cette contre celle de Montpellier, concernant l'établissement du tribunal de commerce du district de Montpellier.

Il ne faut point juger de la ville et du port de Cette par ce qu'ils étoient sur la fin du dernier siècle. Obscure alors, cette ville peut aujourd'hui tenir un rang distingué parmi les villes maritimes du second ordre ; et si cette révolution qu'elle a éprouvée est en partie le fruit de la juste protection que lui ont accordée pendant quelques années les états du ci-devant Languedoc, et de l'industrie de ses habitans, on peut juger quelle considération elle doit acquérir, lorsque, sous le régne de la liberté, elle pourra se passer de toute protection, et jouir des avantages de la situation de son port.

C'étoit une erreur bien grande, mais bien facile à détruire que d'avancer comme on l'a fait dans l'assemblée du 19 Janvier dernier, que ce port qui reçoit communément des vaisseaux de 4, 5 et 600 tonneaux, et qui même en a reçu de 800, n'étoit bon que pour la pêche et la navigation des tartanes.

(4)

On avoit peine à lui accorder assez d'eau pour des navires de 200 tonneaux.

Mais on doit espérer de la justice, de de la magnanimité de l'houorable membre qui fut induit alors en erreur, qu'il voudra bien, lorsque la vérité lui sera connue, rétablir le port de Cette dans la réputation qui lui appartient.

Les négocians et les armateurs de cette ville, qui pourra un jour rivaliser avec les ports de mer les plus fameux, et augmenter ainsi le commerce de la Méditerranée, se proposent de mettre incessamment sous les yeux de l'Assemblée un tableau exact de ce qu'elle a été, de ce qu'elle est et de ce qu'elle peut devenir.

Qu'il leur suffise en ce moment d'observer à l'Assemblée qu'à son entrée le port reçoit vingt à vingt-cinq pieds d'eau, et que ce volume qui suffit aux plus forts vaisseaux marchands, se soutient et peut s'améliorer dans toute la traversée du bassin, par le mécanisme des courans et l'enlèvement des sables.

Ce n'est point une exagération d'avancer que le volume d'eau pourroit être porté jusqu'à trente-cinq pieds.

Pendant l'intervalle de la cessation du privilége de l'ancienne Compagnie et celui de la nouvelle, les négocians y ont armé pour l'Inde, et ce premier essai a montré que le port peut soutenir la concurrence pour ce commerce.

Depuis la paix il a été fait aussi une vingtaine d'expéditions pour le continent septentrional, et ce commerce seroit encore suivi avec un plein succès, sans les entraves et les difficultés que les négocians de *Cette* ont éprouvés de la part de la ferme générale, dans la vente des tabacs, seules marchandises d'importation en retour des vins, eaux-de-vies et draps de Languedoc.

Son département des classes fournit, en tems de guerre, mille bons matelots; son port reçoit deux mille navires de toutes grandeurs, et vulgairement depuis 200 jusqu'à 700 tonneaux.

Sa population est d'environ dix mille habitans.

Les eaux-de-vie qu'on y exporte pour l'étranger paient très-peu de droits; les grains, les laines, les cotons en rame n'en paient aucun, et cependant le produit de la douane se porte annuellement à 600,000 liv.

Cette première idée, qui ne peut être détruite, montre combien il est important de favoriser le commerce de *Cette*.

Encore au mois d'Août dernier, la ville de Montpellier lui donnoit un témoignage non suspect, et qui doit augmenter la considération dont elle jouit. *

« Vous voyez au milieu de vous, disoit, le 21 août, M. d'Estor, président de la

---

* Extrait de la Chambre du commerce, du 21 août 1792.

chambre du Commerce, *vous voyez une députation du commerce de la ville de Cette*, qui vient vous entretenir d'un objet intéressant *pour toute la partie méridionale de cet empire*, et en particulier pour le département de l'Hérault. La ville de Cette qui n'a cessé d'entretenir avec nous les rapports les plus intimes et les plus fraternels, et dont l'industrie est si étoitement liée avec la nôtre, ne peut qu'exciter votre sollicitude pour tout ce qui peut accroître sa prospérité. »

Il s'agissoit alors de favoriser le commerce de la ville de *Cette* dans le Levant par l'établissement d'un lazaret.

Il est fâcheux pour elle de se trouver en concurrence avec une ville qui lui rendoit ainsi un juste témoignage ; mais il s'agit de son existence qu'elle ne peut sacrifier.

Elle ne la doit, cette existence si précieuse pour la France entière, qu'à l'établissement de son amirauté ; tant que ce tribunal a été à Montpellier, elle n'a joui d'aucune considération, et son port est resté desert.

Cette réflexion est bien capable de répandre la consternation parmi ses habitans, si dans la suppression de l'amirauté elle ne recevoit un dédommagement dans le tribunal de commerce que l'Assemblée Nationale a prescrit pour chaque district.

L'énergie de l'article XII du même titre de l'organisation des justices, semble n'admettre qu'un *seul tribunal de commerce* par chaque district.

Montpellier réclame ce tribunal, et *Cette*, qui ne peut subsister, si elle en est privée, le réclame également. Quel que soit son intérêt dans ce grand différend, elle ne doit chercher qu'à éclairer la justice de l'assemblée qui va prononcer contre les deux cocurrentes.

On peut alléguer pour la ville de Montpellier, qu'elle a ci-devant joui d'un grand concours, et quelle étoit le centre des opérations commerciales. Mais ce motif cesse par la suppression de sa généralité: elle ne pourra soutenir la concurrence avec *Cette*, soit pour sa population, soit pour son commerce, lorsqu'elles seront rendues l'une à l'autre à leurs droits essentiels, c'est-à-dire à leurs droits constitutionnels.

La ville de Montpellier ne demande et ne peut demander le tribunal du commerce que pour son propre avantage à elle-même, et non pour celui des commerçans ; et la la ville de *Cette*, au contraire, le demande plus particulièrement encore pour le commerce, que pour son propre intérêt.

L'existence de *Cette* intéresse *toute la partie méridionale de l'empire*. Ce témoignage est celui que lui rend dans ces mêmes termes la ville de Montpellier, par l'organe de son président dans l'extrait que l'on vient de rapporter.

Le département de *l'Hérault* et le dis-

A 4

trict de *Montpellier* dont elles dépendent l'une et l'autre, ont jugé que *Cette* ne peut se passer de ce tribunal. L'assemblée générale du district déclare formellement dans son arrêté du 28 septembre dernier : » *que la privation d'une justice toujours présente, toujours active*, dans le port de *Cette*, » *seroit infiniment préjudiciable aux intérêts du commerce extérieur de tout le département de l'Hérault, et de plusieurs départemens voisins, qui se fait par cette ville, et pourroit même en être destructif.*

Il est vrai que cédant aux sollicitations de celle de Montpellier, la directoire du département sembloit vouloir le restraindre aux matières maritimes et sommaires.

Mais ces limites étant inconstitutionnelles, il faut ou que *Cette* en soit entièrement privée, ou qu'elle ait ce tribunal dans toute son intégrité, dans toute sa plénitude.

Et dans cette alternative, elle se perdra toute entière, ou acquerra le dernier dégré de splendeur, qui doit s'étendre sur tout le département de l'Hérault.

Il y a cette différence bien essentielle, qu'en accordant à Montpellier la préférence, on détruit *Cette*, aulieu qu'en l'accordant à *Cette*, on augmente l'éclat de sa concurrente.

L'assemblée nationale semble avoir eu pour objet de diminuer le nombre de suppôts de la justice, et ce n'est que pour leur donner plus d'aliment que Montpellier réclame la préférence.

Cette au contraire ne la demande que parce qu'elle lui est nécessaire.

D'ailleurs, dans un temps où l'on ne peut douter que la population ne s'augmente, il est essentiel d'attirer dans les ports-de-mer, le plus d'hommes possible, puisque c'est leur inspirer le goût pour cet élément, qui leur procure une existence aussi utile pour l'état que pour eux-mêmes.

On ne s'étendra point sur les avantages de la navigation; ces avantages sont connus. Il en est un qui dans les circonstances doit être du plus grand poids auprès de l'assemblée; la mer communique un caractère de liberté, le seul propre à la constitution, dont nous lui devons le signalé bienfait.

L'assemblée, en décrétant qu'il n'y auroit qu'un tribunal par district, n'a point statué qu'il seroit établi dans le chef-lieu du district, ni qu'il seroit réuni aux autres tribunaux, qui exercent plus particulièrement les fonctions judiciaires.

L'article VII des juges en matière de commerce, en admettant les armateurs et les capitaines de navire à concourir pour la nomination active et passive des juges de commerce, se contente d'ordonner que ces juges soient pris dans la ville *où le tribunal sera établi*, ce qui exclut toute préférence que pourroit exiger Montpellier, comme chef-lieu du district. Cet article prouve encore que l'assemblée nationale a entendu donner la préférence aux villes maritimes pour l'établissement des tribunaux de commerce, puisque ce n'est que dans les ports de mer qu'on peut avoir pour électeurs des armateurs et des capitaines.

D'un côté, l'Assemblée n'a pas voulu concentrer tous les avantages dans une même ville; de l'autre, elle a senti que le chef-lieu du district pouvoit bien ne pas être le plus commode pour les commerçans.

En matière de commerce, les négocians ordinaires sont facilement entendus par les gens de mer; l'ordonnance du commerce, réduite à quelques titres, ne présente rien de difficile à résoudre; les gens de mer au contraire, ont un code qu'eux seuls peuvent bien entendre.

Leur langage, leurs mœurs, leurs habitudes semblent en faire un peuple à part; et l'on ne peut pas douter que cette considération n'ait prévalu lors de l'établissement des tribunaux d'amirauté.

Il faudroit commencer par établir à Montpellier des maîtres de langues ou des interprêtes, qui sont depuis long-tems établis à *Cette*.

La seule inspection des titres de l'ordonnance du commerce et de celle de l'amirauté, suffit pour nous convaincre que l'on peut sans aucun inconvénient réunir aux amirautés, désormais connues sous le nom de *tribunaux de commerce*, les matières dont connoissoient les juges-consuls, et qu'il y en auroit au contraire une multitude, et dont les effets seroient incalculables si on réunissoit les amirautées aux jurisdictions ci-devant consulaires.

L'Assemblée Nationale a eu pour objet de rapprocher les justices des justiciables, et cet objet est manqué si on oblige les navigateurs de se transporter de Cette à Montpellier pour vuider souvent à l'instant du départ des contestations imprévues.

La facilité de voyager sur mer rapproche les lieux et semble abréger les distances.

Un navigateur ne compte pour rien l'espace qu'il parcourt sur son vaisseau ; il compte au contraire pour beaucoup les moindres routes par terre : il y a quinze milles de l'une à l'autre ville.

Le départ dépend des vents. Un navigateur sera-t-il dans l'alternative, ou de faire le sacrifice de ses intérêts, ou de risquer à perdre le vent favorable ?

On a contesté à la ville de *Cette* un tribunal pour remplacer son amirauté, même dans les contestations urgentes et sommaires, relativement au commerce maritime et à la police locale du port dont, comme on l'a ci-dessus exposé, le conseil du département avoit reconnu la nécessité.

L'inviolabilité de la constitution, a-t-on dit, s'oppose à cette exception ; dès-lors on voit la nécessité de cette alternative, ou que *Cette* rentre dans l'obscurité où elle étoit avant l'établissement de son amirauté, ou qu'elle ait le tribunal de commerce qui doit prononcer sur les mêmes matières.

Il faut, ou que toute la partie méridionale de l'empire soit privée de l'heureuse influence de ce port intéressant, ou que *Cette* ait le tribunal de commerce en échange de son amirauté dont elle est déjà privée.

Cette inviolabilité même est un titre en faveur du port; si on établit le tribunal du commerce à Montpellier, il est impossible qu'il ne soit pas démembré incessamment: la jurisdiction des traites étant supprimée, toutes les contestations qui vont s'élever entre les préposés aux douanes et les négocians redevables et les navigateurs, dans les vérifications journalières qui ont lieu à l'embarquement et au débarquement des marchandises sur les quais et dans les navires, vont être de la compétence des tribunaux du commerce; alors, comment supposer que ces tribunaux puissent être établis à sept et huit lieues dans les terres.

Il faut, ou que ces tribunaux soient établis dans les ports, ou que les navigateurs soient exposés à toutes les vexations; l'inviolabilité de la constitution parle donc évidemment en faveur des négocians de *Cette*.

A ce moyen si puissant pour déterminer l'Assemblée, Montpellier, quoique le siège de la généralité, et dès-lors favorisée à ce titre par ses intendans, n'a pu conserver l'amirauté dont elle fut également le siège avant sa translation à *Cette*; comment pourroit-elle en obtenir le retour sous un gouvernement aussi éclairé et aussi juste que l'est celui de l'Assemblée Nationale !

Cette a une plage considérable tant à l'est qu'à l'ouest. L'étang de Thau, dont les eaux se mêlent à celles de son port, est peuplé de barques de pêcheurs, dont les querelles, sans cesse renaissantes, exigent une police toujours active, en même tems que leurs gains, trop médiocres, ne leur permettent pas un déplacement et leur transport à sept ou huit lieues de leur demeure pour avoir justice sur les suites qu'entraînent leurs différends.

La ville de Montpellier n'a donc aucun avantage quelle puisse opposer à la ville de *Cette*, pour obtenir le tribunal de commerce, que l'article XII du même titre de l'organisation des tribunaux réduit à un seul par district.

Elle oppose le grand concours des négocians des villes de la généralité dont elle étoit le siège. Elle ne l'est plus, et dès-lors, cette raison s'évanouit.

Elle oppose encore le grand nombre de suppôts de la justice; et c'est une espèce dangereuse, sur-tout pour les négocians et les marins qui ne peuvent trop en redouter la fréquentation.

Ces moyens en sont autant pour écarter sa réclamation; *Cette* n'offre au contraire à l'assemblée que des motifs faits pour déterminer sa sagesse.

D'abord elle enlève à sa rivale le mérite de l'inviolabilité de la constitution, qui ne souffre point deux tribunaux de commerce dans un même district, ni aucun démembrement du tribunal. Elle a ensuite l'expérience si puissante sur des législateurs ; elle l'a pour elle, ce moyen si déterminant, puisque son amirauté y avoit été transférée de Montpellier même.

Elle a la commodité de son port, qui fait fleurir tout le département de l'Hérault, et que même s'il est soutenu, répandra un lustre sur toute la partie méridionale de l'empire, et qui s'il ne l'est pas, perd toute sa considération et son commerce.

Cette a encore pour elle la facilité de prononcer, tant sur les matières de commerce de terre qui sont à la portée de tous les négocians, que sur les matières de mer que l'on ne connoît jamais bien, qu'autant que l'on vit dans les ports maritimes.

Elle a en sa faveur, d'un côté la facilité qu'ont les négocians ordinaires de se transporter dans tous les lieux et en tout temps où peut être établi le tribunal de justice, sans qu'il puisse en résulter le moindre inconvénient pour eux, et de l'autre, cette répugnance qu'ont de voyager par terre des marins et des navigateurs de toutes les nations, et plus encore l'assujetissement où ils sont de saisir l'instant où le vent leur permet la sortie du port.

Nous pouvons ajouter encore ce qui se pratique lors des naufrages, des avaries et à l'arrivée des bâtimens. L'ordonnance de la marine oblige chaque capitaine de faire son rapport circonstancié devant les juges de l'amirauté de tous les événemens de leur navigation. Ce rapport ne peut faire foi en justice qu'autant qu'il est certifié par tous les gens de l'équipage ; il répugne alors à la sagesse du corps législatif d'obliger les navigateurs à se rendre à quinze milles du port pour remplir ces formalités qu'il est indispensable de maintenir (*).

La ville de *Cette* a enfin sur sa concurrente un avantage auquel tous les autres ensemble ne peuvent être comparés, celui d'inspirer à tous les Français, s'il est possible, le goût de la navigation le plus propre pour fortifier en eux le noble amour de la liberté à laquelle la nation va devoir une nouvelle vie.

---

* On ne doit pas confondre la partie administrative des amirautés avec la partie contentieuse attribuée aux tribunaux de commerce. C'est pour cette première partie seulement que l'Assemblée Nationale a chargé ses comités de commerce et de marine de lui présenter incessamment un travail. Elle a pour objet le classement des matelots, la réception des capitaines, le lestage et le délestage dans les ports ; l'établissement des maîtres et sergens des quais, les rôles d'équipages et enfin tout ce qui a rapport à la discipline et à la police des gens de mer, et tout cela n'a rien de commun avec les opérations du commerce maritime.

La ville de *Cette* invoque en témoignage de la justice et de l'utilité générale de sa demande *tous* les députés du département de l'Hérault, excepté ceux de la ville même de Montpellier, qu'un intérêt mal entendu peut prévenir dans cette cause.

Cependant la ville de Montpellier a prononcé elle-même sur ce grand différend quand elle a reconnu qu'elle devoit au port de *Cette* une partie de ses prospérités, *ainsi que toute la partie méridionale* de l'empire.

Toujours conséquente dans ses décisions, toujours équitable, toujours juste, toujours attentive à tout ce qui peut assurer nos prospérités, l'assemblée n'anéantira pas en quelque sorte un port national qui sert d'issue au fameux canal de la jonction des deux mers ; un port le plus digne de faire fleurir le pavillon de la liberté qu'il a été le premier à déployer dans cette heureuse révolution ; *Cette* est la première de toutes les villes de France qui se soit armée et qui ait pris l'uniforme national, et ce titre, qui fait sa gloire, est une considération puissante auprès d'une assemblée de patriotes.

Migniot, J. F. Serane, députés extraordinare du commerce et de la marine de Cette.

A Paris, de l'Imprimerie de Chalon, rue du Théâtre Français, 1790.

www.ingramcontent.com/pod-product-compliance
Lightning Source LLC
Chambersburg PA
CBHW060932050426
42453CB00010B/1976